Gaby Falk

Lesebuch für *kluge* Hunde

www.komet-verlag.de

Herausgeberin: Gaby Falk

Gesamtproducing & Bildredaktion: Hans-Joachim Schneider

Gesamtherstellung: KOMET Verlag GmbH, Köln

Printed in China

ISBN 978-3-89836-817-9

Gaby Falk

Lesebuch für *kluge* Hunde

KOMET

Aschenpudel

Es war einmal eine böse, geldgierige Hundezüchterin, die sich darauf spezialisiert hatte, aus unschuldigen Rassehunden fiese Kampfmaschinen zu machen. Als jedoch niemand mehr ihre aggressiven Kampfhunde kaufen durfte, liefen die Geschäfte immer schlechter. Bald standen ihre Zwinger leer und sie musste sich etwas anderes einfallen lassen.

Da schlich sie sich eines Tages in eine Zuchtausstellung und stahl einen Wurf Pudelchen, der in einem Körbchen lag. Es waren kerngesunde, wunderschön gewachsene kleine Königspudel, die da herumwinselten. Die Tiere mochten etwa sechs Wochen alt sein.

Schnell wurde der Züchterin klar, dass sie schönere Tiere noch nie gesehen hatte. Mit kundigem Blick sah sie, dass es sich um drei kleine Hundedamen handelte, die unterschiedlicher nicht hätten sein können.

Das erste Hundefräulein hatte schneeweißes Fell, fein gelockt kringelten sich die Härchen um Körper und Kopf des Tieres. Es schaute die Frau vertrauensvoll aus blanken, stahlblauen Augen an.

Das zweite Tierchen war schwärzer als pechschwarz, von jenem Blauschwarz, das jedes noch so feinste Härchen leuchten ließ und seine gekringelten Konturen glasscharf zur Geltung brachte. Aus tiefschwarzen Augen schaute es die Frau an, der es da ausgeliefert war. Auch das dritte

Pudelchen war putzmunter und quirlig, lebendig und vital mit blitzblanken, eisgrauen Augen. Es wedelte freudig mit dem kleinen puscheligen Schwänzchen, als es die große Frau erblickte. Aber was für ein seltsames Fell hatte das Tier? Aschfahl, trüb und schmutziggrau wirkte seine Farbe.

Ein Esser mehr, sonst nichts. Dieses Tier würde ihr nur Unkosten verursachen.

Dieses Tier würde ihr nur Unkosten verursachen und nichts einbringen, das erkannte die Züchterin sofort. Ein Esser mehr, sonst nichts. Eigentlich hätte sie das Tierchen sofort um die Ecke gebracht, so wie sie es immer tat, wenn ein Welpe nicht hundertprozentig reinrassig war. Aber erst mal wollte sie ihre wertvolle Zeit den anderen beiden widmen, denn für sie würde sie mühelos erste Preise bei Ausstellungen erzielen und sie schließlich teuer verkaufen können. Im Geiste hörte sie schon die Kasse klingeln.

Als Erstes besorgte sie bestes Premium-Futter für die beiden kleinen Pudeldamen, brachte sie darauf zum Trimmen und meldete sie in der Hundeschule an. Die nächste Rassehundeausstellung sollte schon in sechs Wochen stattfinden. Sie musste sich also beeilen.

Das aschgraue Pudelchen jedoch band sie an einem langen, erbärmlich dicken Strick am Zwinger fest und warf ihm abgenagte Knochen zu. „Hier, du hässlicher Aschenpudel, sauf!“, schnauzte sie und stellte ihm einen alten rostigen Eimer mit abgestandenem Wasser hin. „Und mach dich nützlich. Solange du ein guter Wachhund bist, lasse ich dich leben. Pass also auf den Hof auf. In der letzten Zeit gibt es hier zu viele Ratten und Fledermäuse. Wenn du welche siehst, dann schlag gefälligst an, sonst geht's dir bald endgültig an den Kragen."

Der arme kleine Hund war ganz verängstigt und als die Nacht kam, saß er ganz alleine da draußen in dem unheimlichen Hof. Niemand war da zum Kuscheln. Nur der Mond sah auf ihn herunter und lächelte milde, wenn der kleine Hund da unten wehmütig zu ihm herauf heulte. Aber immer, wenn sich ein paar furchteinflößende Ratten blicken ließen und große Fledermäuse über seinem Kopf hin und her schossen, traute sich Aschenpudel nicht zu bellen und blieb stumm.

Schon bald hatte der große, schwere Strick die zarten Härchen rund um den Hals abgeschubbert, Hunger, Kälte und die Angst im Dunkeln taten ein Übriges. Das Hundchen wurde mager und schwach. Sein Fell sah noch trüber aus als vorher. Wo war die Mutter? Wo die Schwestern?

Diesen ging es jedoch immer besser und besser. Sie schliefen in satinweichen Körbchen, trugen samtene Halsbänder, fraßen von goldenen Schüsselchen nur das Allerbeste vom Feinsten. Schon nach kurzer Zeit konnte man die ganze Pracht der kleinen Hundedämchen sehen und sie begannen offensichtlich, ihr neues Leben zu genießen. Das gute Futter, die tägliche Fellpflege, die leise Musik aus dem Radio, das genau auf sie abgestimmte Wellnessprogramm, die sorgfältige Pediküre und ein ausgefeiltes Training taten ihr Übriges. Und wenn sie dann so mit ihren schicken Sonnenbrillen auf

quietschebunten Luftmatratzen im Swimmingpool herumdümpelten, dachten sie gar nicht mehr an ihr armes, geschundenes Geschwisterchen. Blitzschnell hatten sich die beiden an den Luxus gewöhnt und fingen an, ihre arme Schwester giftig anzubellen und im Vorbeigehen gar nach ihr zu schnappen.

Je mehr sie verhätschelt und verwöhnt wurden, desto mehr wurde das arme kleine Aschenpudelchen vernachlässigt. Da saß es dann am Rand des Pools und nagte an den eh schon abgenagten Knochen, hatte Durst und schaute sehnsuchtsvoll zu seinen Schwestern. Machtlos musste Aschenpudel es aus ihren blitzgrauen Augen mit ansehen, wie diese immer hochnäsiger wurden und die Züchterin immer gemeiner wurde.

Diese hatte auch bald gefälschte Papiere besorgt, die sie zusammen mit wunderschönen Fotos ihrer Zöglinge in silbernen Rahmen so im Fenster aufstellte, dass jeder sie von draußen sehen konnte. In goldenen Lettern waren unter den falschen Stammbäumen folgende Namen zu lesen:

Hier wohnen:
Bianca Blanche de Blütenweiß vom Weißen Haus
Black Beauté d'Ebenholz von Samt und Seidenschwarz

Unterdessen rückte der große Tag immer näher. Und dann war es soweit. Ein letztes Mal wurden die schönen Schwestern getrimmt und schließlich zu der Ausstellung gefahren, die wie immer auf dem Nachbargut stattfand, das einem Grafen gehörte, der selbst ein bekannter Pudelzüchter war. Traurig sah Aschenpudel zu, wie der Wagen der Züchterin in einer Staubwolke verschwand.

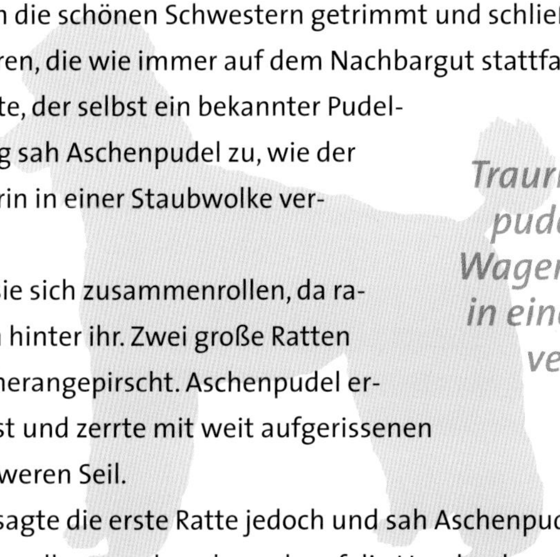

Traurig sah Aschenpudel zu, wie der Wagen der Züchterin in einer Staubwolke verschwand.

Gerade wollte sie sich zusammenrollen, da raschelte es plötzlich hinter ihr. Zwei große Ratten hatten sich an sie herangepirscht. Aschenpudel erschauerte vor Angst und zerrte mit weit aufgerissenen Augen an dem schweren Seil.

„Keine Angst", sagte die erste Ratte jedoch und sah Aschenpudel ernst, aber freundlich an. „Wir wollen nur, dass du auch auf die Hundeschau gehst. Du hast die schönsten Augen, die ein Pudel haben kann."

„Aber mein Fell ist doch hässlich und ich bin viel zu dünn“, erwiderte zitternd der kleine Hund. „Papperlapapp“, schnarrte die zweite Ratte und legte Aschenpudel ein saftiges Stück Rumpsteak vor die Füße. „Friss erst mal, dann werden wir weitersehen“.

Das Wasser lief Aschenpudel im Maul zusammen. Sie machte sich hungrig über das Fleisch her.

Das Wasser lief Aschenpudel im Maul zusammen. Sie verlor ihre Angst und machte sich hungrig über das leckere Fleisch her. Als sie es verschlungen hatte, brachten die Ratten eine Schüssel mit klarem Wasser, die sie genüsslich ausschlabberte. Zum Nachtisch gab es eine große Portion Vorzugsfutter und die kleine Pudeldame fühlte sich so wohl wie damals, als sie noch ein Hundebaby gewesen war und sich an den Zitzen ihrer Mutter hatte laben können. Zufrieden leckte sie sich das Mäulchen und schaute sich um.

Da kamen die beiden Ratten nah zu ihr heran und begannen, an dem schweren Seil zu nagen. Blitzschnell knabberten die scharfen Zähne das Tau so geschickt an, dass Aschenpudel endlich den Hals aus der Schlinge ziehen konnte. Mit den Hinterpfoten kratzte sie sich erst mal ausgiebig den juckenden Hals. „Spring in die Fluten! “, sagte die erste Ratte. „Das wird dir guttun!“ Das ließ sich Aschenpudel nicht zweimal sagen. Mit allen vieren gleichzeitig sprang sie in den Swimmingpool und all der Schmutz der letzten Wochen wurde aus ihrem Fell gewaschen. Als sie endlich wieder aus dem kühlen Nass an Land stieg und sich kräftig geschüttelt hatte, staunte sie nicht schlecht.

Ihr Fell hatte einen schimmernden Glanz bekommen und Millionen kleiner Löckchen kringelten sich darin. Der trübe Babyflaum war ausgefallen und hatte vielen weichen, hellgrauen Härchen Platz gemacht.

„Schick siehst du aus“, sagte die zweite Ratte. „Aber das ist erst der Anfang. Nun müssen wir dich noch trimmen.“ Und mit ihren rattenscharfen Zähnen hatten sie im Nu eine perfekte Königspudelfrisur samt Haarkrönchen zurechtgeknabbert.

„Komm mit, wir müssen uns jetzt sputen“, riefen sie und liefen voraus, Aschenpudel fröhlich bellend hinterher, wobei sie wie ein Gummibällchen auf und ab hüpfte. Zu groß war die Freude über diese neue Freiheit. Ihr kleiner Schwanz wedelte unaufhörlich, bis sie an einen Nussbaum kamen, unter dem die Ratten Halt machten.

Im Baum hingen große Fledermäuse. „Stell dich zu uns unter den Haselbaum“, bat die erste Ratte und als Aschenpudel darunter stand, sprach die zweite feierlich: „Bäumchen rüttel dich, Bäumchen schüttel dich,wirf Gold und Silber über mich!“

Kaum hatte sie ausgesprochen, da schüttelten und rüttelten sich die Fledermäuse und es regnete feinsten Silberstaub herab, sodass die Ratten und der kleine Pudel glänzten, als seien sie aus purem Silber. Zum Schluss fiel aus dem Baum ein seidenes Halsband, das über und über mit Brillianten verziert war. Es schlang sich wie von selbst um den Hals des Hundes und verdeckte glitzernd

die abgeschabten Hautstellen. In dem Band steckte ein geheimnisvolles zusammengerolltes Pergament. Wunderschön sah Aschenpudel aus. Ihre Augen strahlten und glänzten mit ihrem Fell um die Wette.

Aber es blieb ihr nicht viel Zeit, um sich lange bewundern zu können. Sie mussten sich beeilen, wenn sie noch rechtzeitig zur Eröffnung der Ausstellung kommen wollten. Es war noch ein gutes Stück bis zum Gut des Grafen, doch gerade als dieser mit der Begrüßungsrede begonnen hatte, erreichten unsere drei das Schloss. „Wir lassen dich jetzt allein", sagte die erste Ratte. „Du gelangst durch den Hintereingang in den großen Saal. Dort wirst du bei der Präsentation erhobenen Hauptes über den Laufsteg gehen. Sobald aber die Preisverleihung zu Ende ist, musst du so schnell wiemöglich verschwinden. Dann lauf, was das Zeug hält, zum Haselbaum zurück! Da werden wir auf dich warten."

Aschenpudel betrat den Saal in dem Moment, als der Graf gerade mit seiner Eröffnungsrede fertig war. Er entdeckte die silberne Pudeldame als Erster und bekam den Mund vor lauter Staunen nicht mehr zu. Alle Züchter und Rassehunde, die versammelt waren, folgten seinem Blick. Ein Raunen und Winseln ging durch den Saal. Einen schöneren Hund hatte man hier noch nie gesehen. Besonders aber der Lieblingsrüde des Grafen, Prinz Pierrot de Pirouette von Pudelprunk, war wie geblendet von der Schönheit und Grazie dieser unbekannten Hundedame. Mit lautem Gebell begrüßte er das schöne Hundefräulein und als es an ihm vorbeilief, prägte sich ihr köstlicher Duft unauslöschlich in seiner Nase und in seiner Hundeseele ein.

Mit großem Interesse sah der Graf dem schönen Tier wohlwollend nach. „Eine solche Hündin wäre genau das Richtige für den Fortbestand meiner Zucht“, dachte er insgeheim. Neugierig spähte er nach dem Besitzer des Tieres, konnte jedoch niemanden entdecken, dem der Hund zu gehören schien.
In der darauf folgenden Schau waren die besten, schönsten und seltensten Tiere zu sehen. Der Rüde des Grafen und Aschenpudels Schwestern schnitten hervorragend ab, als es aber an ihr war, über den Laufsteg zu gehen, brandete Beifall auf und die böse Züchterin zog wütend die Mundwinkel herunter. Einer der Preisrichter zog das Pergament aus Aschenpudels Halsband und las es laut vor: „Silbersissi Solitaire de Seidensamt vom Sterlingfluss“. Wieder ging ein Raunen und Winseln durch den Saal. Wer mochte wohl der Besitzer dieses außergewöhnlichen Hundes sein? Im Gesamtklassement siegte sie gar vor Prinz Pierrot de Pirouette von Pudelprunk, was den Grafen natürlich alles andere als erfreute. Als dann die Siegerehrung vorgenommen werden sollte und

wiederholt die Frage nach dem Besitzer des schönen Tieres gestellt wurde, machte Aschenpudel einen großen Satz und verschwand wie der Blitz aus dem Saal. Wie ein Wirbelwind rannte sie die Strecke nach Hause. Als sie zum Haselbaum kam, waren die beiden Ratten schon da. Doch durfte sie nur kurz verschnaufen. Eine Fledermaus flog herab und löste das seidene Band von ihrem Hals. „Du wirst verfolgt“, sagte sie, „lauf so schnell du kannst“. Fürchterlich hechelnd, mit heraushängender Zunge erreichte Aschenpudel den Hof. Gerade noch konnte sie ihren Durst im Swimmingpool löschen und sich schnell im Matsch wälzen, da kam auch schon der Wagen der Züchterin zurück. Sie war noch nicht ausgestiegen, da hörte man sie schon vor Wut kreischen und keifen. Die beiden Schwestern schlichen wie begossene Pudel hinter ihr her. „Wenn ich diese kleine Töle erwische ich mache Hackfleisch aus ihr!“, schrie die widerliche Frau, außer sich vor Rage. „Diesen dreckigen silbernen Köter werde ich wie eine Kröte zertreten!“

Aschenpudel machte einen großen Satz und verschwand wie der Blitz aus dem Saal.

Währenddessen hatte Aschenpudel ihren mageren Hals wieder in die Schlinge hineingezwängt und saß, schmutzig und klein wie eh und je, vor ihrem Zwinger. „Und du kommst morgen dran, du dreckige Missgeburt“, schrie sie Aschenpudel zu und versetzte ihr einen kräftigen Tritt, bevor sie schnaubend und schimpfend im Haus verschwand. Doch kaum war die Tür hinter ihr und Aschenpudels Schwestern ins Schloss gefallen, da kam ein zweiter Wagen vorgefahren. Darinnen saßen der Graf und auf dem Beifahrersitz sein Lieblingsrüde. Bei seinem Anblick begann Aschenpudels kleines Herz ganz fürchterlich zu pochen. Als die beiden dann jedoch ausstiegen, sah sie, dass Prinz Pierrot ihr seidenes Halsband im Maul trug. Da meinte sie, ihr Herz müsse zerspringen.

Hund und Herrchen gingen schnurstracks auf die Villa zu, deren Tür auch schon aufsprang. Unterwürfig und überfreundlich stand die Züchterin im Rahmen, die beiden Pudeldamen rechts und links unter ihren Armen. „Möchten der Herr Graf sich meine Hündchen für die Zucht ansehen?", säuselte sie mit honigsüßer Stimme, bei der der Hund des Grafen anfing, leise zu knurren. „Der Herr Graf sucht ein ganz bestimmtes Hündchen", sagte der Herr Graf und nahm seinem Rüden die Schleife aus dem Maul. „Kennen Sie einen Hund, dem dieses zierliche Halsband gehört?" „Ja doch, Herr Graf, das gehört meiner Bianca Blanche", log die Frau.

Als sie jedoch versuchte, dem weißen Pudel das Band anzulegen, zeigte sich schnell, dass dessen Hals viel zu dick dafür war. „Dann muss es doch das Band von Black Beauté sein", zischelte die Züchterin und versuchte, dem schwarzen Pudel die seidene Schleife umzulegen. Dabei drückte und zerrte sie so sehr an dem armen Hund, dass sie ihn fast erwürgt hätte, aber das Band war zu zierlich und fein, es passte nicht. In diesem Moment trug der Wind einen Duft in Prinz Pierrots Nase. Schnuppernd nahm er die Richtung auf, aus der dieser wohlige Geruch kam, und entdeckte das kleine schmutzige Hündchen, das auf dem Hof vor seinem Zwinger lag. Laut winselnd und bellend stob er in dessen Richtung

Richtung davon und kam erst vor Aschenpudel zum Stehen. Diese kauerte sich eng an den Boden und schaute mit ihren klaren Augen ängstlich zu dem schönen Hund vor ihr auf. Der Graf war erstaunt Prinz Pierrot gefolgt und wunderte sich sehr, dass dieser schwanzwedelnd vor einem solch räudigen Hund saß.

„Das ist ja wohl nicht dein Ernst“, sagte er. Aber da sich sein Hund nicht wegzerren ließ und völlig aus dem Häuschen war, löste er das schwere Seil von dem kleinen Hundehals, um ihm das Band anzulegen.

Da schoss die Züchterin mit lautem Keifen heran. Ihre scheinheilige Freundlichkeit war verschwunden. „Was wollen sie mit diesem Stück Dreck?“, schrie sie. „Den können Sie geschenkt haben.“

Doch der Graf ließ sich nicht beirren und wie staunte er, als er Aschenpudel das Band um den mageren geschundenen Hals legte. Es passte perfekt.
Und als der Mann den kleinen Hund dann streichelte, fiel der Staub aus seinem Fell herab und darunter kamen silbrige Härchen zum Vorschein.

„Sie ist es!“, rief er freudig aus. „Es ist Silbersissi Solitaire de Seidensamt vom Sterlingfluss, das Hündchen von der Ausstellung. Und es gehört auch noch mir. Gerade habe ich es geschenkt bekommen!“

Man kann sich die Wut der bösen Züchterin vorstellen, aber größer noch war die Freude der beiden Königspudel, die sich nun fröhlich und ausgiebig beschnuppern konnten. Als der Graf jedoch mit beiden Hunden wegfahren wollte, lief Aschenpudel zu ihren Schwestern und begann so sehr zu winseln, dass der Graf Mitleid bekam und der Frau Bianca Blanche und Black Beauté für einen guten Preis abkaufte. So ließen sie die böse Alte allein zurück, umgeben von Ratten und Fledermäusen.

Viele, viele kleine Pudelchen zeugten unsere beiden Königspudel und wenn sie nicht gestorben sind, dann leben sie noch heute.

Die Ratten und Fledermäuse waren übrigens die Seelen all der Welpen, die die Alte um die Ecke gebracht hatte.
Und ihr dürft mir glauben, dass sie sie noch heute ordentlich piesacken.

Besondere Dankbarkeit

Ein Mann fällt in Hamburg ins Hafenbecken. Ein anderer sieht das und schickt seinen großen Hund hinterher, der den Ertrinkenden aus dem Wasser zieht und ihm so das Leben rettet.

Am nächsten Tag klingelt es bei dem Besitzer des Hundes. Eine resolute Frau steht vor der Tür.

„War das Ihr Hund, der meinen Mann gestern aus dem Wasser gezogen hat?“

Nicht ohne Stolz bejaht der Mann die Frage.

„Aha“, sagt die Frau in breitestem Hamburgerisch und stemmt die Hände in die Hüften. „Ja, und meinem Mann seine Mütze?“

Woran sollte man sich von der
endlosen Verstellung, Falschheit und Heimtücke
der Menschen erholen, wenn die Hunde
nicht wären, in deren ehrliches Gesicht man
ohne Misstrauen schauen kann?

Arthur Schopenhauer

Fünf klare Regeln für den Hund

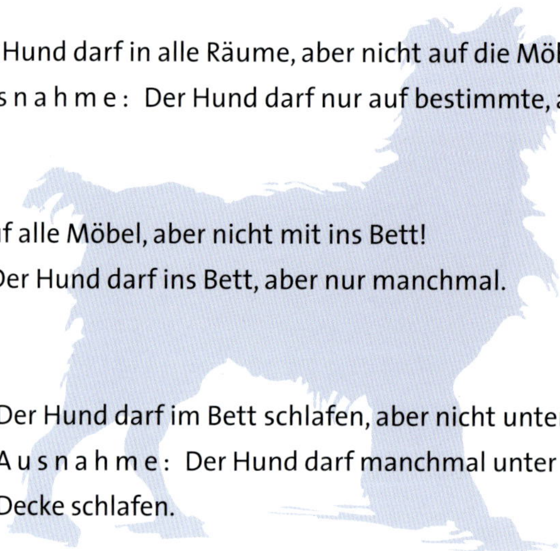

1.

Der Hund darf nicht ins Haus!

Ausnahme: Der Hund darf ins Haus, aber nur in bestimmte Räume.

2.

Der Hund darf in alle Räume, aber nicht auf die Möbel!

Ausnahme: Der Hund darf nur auf bestimmte, alte Möbel.

3.

Der Hund darf auf alle Möbel, aber nicht mit ins Bett!

Ausnahme: Der Hund darf ins Bett, aber nur manchmal.

4.

Der Hund darf im Bett schlafen, aber nicht unter der Decke.

Ausnahme: Der Hund darf manchmal unter der Decke schlafen.

5.

Der Hund kann jede Nacht unter der Decke schlafen.

Ausnahme: Menschen müssen um Erlaubnis bitten, wenn sie mit dem Hund unter der Decke schlafen möchten.

Bennos Tat

von Harald Brock

Benno wurde wach und musste gewaltig niesen. Etwas Brenzliges kitzelte seine empfindliche Nase. Er hob den Kopf und schnupperte verwundert. Mist, hatte er etwa einen Braten verschlafen? Noch müde schüttelte und streckte er sich. Wieder dieser merkwürdige Reiz, jetzt tränten auch noch seine Augen. Witternd schaute er sich um. Wurde irgendwo gegrillt? Nein, es war anders, unangenehm. Diesmal lief ihm nicht das Wasser im Maul zusammen, das war kein leckerer Fleischgeruch – und es war dunkel draußen.

Benno wischte sich mit der Pfote übers Gesicht, verließ seinen Schlafplatz in der Küche und trabte dem Geruch entgegen. Da vernahm er deutlich ein feines Knistern. Das konnte tatsächlich nichts mit Grillen zu tun haben. Wo war sein Herrchen? Alles war mucksmäuschenstill, bis auf das Knistern.

Durch die offene Küchentür schlich Benno zum Flur. Die Schlafzimmertür war geschlossen, das Knistern dahinter wurde lauter. Verzweifelt bellte und kratzte der Hund an der Tür, ohne Erfolg. Wie von Sinnen sprang er immer wieder gegen die Klinke, er wusste, dass Herrchen damit das Ding jedes Mal aufbekam. Erst als Benno die Zähne zu Hilfe nahm, gelang es.

Im Raum hinter der Tür war es gleißend hell und der Rauch war schrecklich. Benno nahm allen Mut zusammen, sprang aufs Bett und leckte Michas Gesicht. Der rührte sich nicht. Die Hitze des brennenden Bettes war fast unerträglich und im Begriff, Bennos Fell zu versengen. Und Micha rührte sich nicht. Mit der Kraft der Verzweiflung packte Benno Michas Schlafanzugjacke und zerrte, so feste er konnte. Mit einem lauten Kracks zerriss der Stoff.

So ging's nicht. Benno packte den Fuß seines Herrchens, der unter der Bettdecke hervorlugte und stemmte die Pfoten gegen den Boden. Die Zähne gruben sich ins Fleisch, es blutete, aber Benno zog und zog und zog.

Im Flur musste er verschnaufen. Der Qualm machte ihm zu schaffen, Lunge und Augen schmerzten. Was nun? Die Haustüre war ein schier unüberwindbares Hindernis, und Micha rührte sich einfach nicht. Mit krächzender Kehle bellte Benno ihn wütend an. Er bellte und bellte. Ihm wurde schwindlig.

Die Flammen drangen aus dem Schlafzimmer in den Flur. Da klopfte es endlich von draußen an die Haustüre. Benno bellte und jaulte abwechselnd.

Kurz darauf splitterte und krachte es. Zwei schwarze, gelb behelmte Gestalten mit Masken vor den Gesichtern und Flaschen auf dem Rücken bahnten sich den Weg in die brennende Wohnung. Bennos Nackenhaare sträubten sich vor Entsetzen. Eine der Gestalten packte sich Micha auf die Schulter, die andere ergriff den vor Angst zitternden Hund. Dann wurde Benno ohnmächtig.

Er hörte nicht mehr die gewaltige Explosion und wie die Scheiben ihres Hauses zerbarsten, merkte nichts von der grellen Stichflamme ...

Irgendwann spürte er frische Luft in seinen Lungen. „Er lebt!", schrie einer der Männer. „Er lebt!" Ob sie ihn wohl damit gemeint hatten, dachte er, bevor er spürte, dass er geborgen in warmen, starken Armen lag.

Mit einem kurzen Schweifwedeln kann ein Hund
mehr Gefühl ausdrücken, als mancher Mensch
mit stundenlangem Gerede.

Louis Armstrong

Der abonnierte Hund

Zwei Männer geben mächtig mit ihren Hunden an.

„Mein Hund bringt mir jeden Morgen fünf verschiedene Zeitungen“,sagt der eine.

„Na und“, meint der andere abschätzig. „Was ist denn da schon dabei?“

„Ich habe keine einzige abonniert!“, lautet die Antwort.

Die sprechenden Hunde

Nach einer Erzählung aus Afrika

Es war einmal ein Jäger, der ging sehr gerne jagen. Er hatte zwei Hunde und mit diesen zog er immer wieder ins Feld. Als er eines Tages wieder einmal auf der Jagd war, fingen die Hunde einen Klippdachs. Weil der Mann hungrig war, machte er ein Feuer, um den Dachs zu braten. Er grub ein Loch in den Sand, steckte ihn hinein, schob die Kohlen darauf und deckte alles zu. „Ei", dachte er, „in der Zeit, in der hier der Dachs in der Asche brät, will ich noch ein bisschen jagen."

Er rief die Hunde und sie gingen jagen. In kurzer Zeit töteten sie zusammen einen Kudu und einen Gamsbock. Nun hatte der Mann eine große Menge Fleisch. Er hatte ordentlich zu tun, den Kudu und den Gamsbock auszuschlachten, die Felle abzutrennen, die Tiere zu zerteilen und das Fleisch auf einen Baum zu hängen. Dann lief er zurück und holte den gebratenen Dachs, um endlich essen zu können. Müde ließ er sich nieder und wollte mit dem Essen beginnen. Er brach die Pfoten ab und warf sie den Hunden zu.

Da redete auf einmal der eine Hund: „Hier den Abfall! Hier den Abfall! Ich habe das Wild totgebissen. Da werde ich doch nicht die Pfoten essen!" Hoh, wie da der Mann erschrak. Er teilte schnell den Dachs mittendurch und gab dem einen Hund die erste Hälfte und dem anderen die zweite. Die Hunde fraßen sie sofort auf. „Ach", sprach der Mann zu sich, „wenn ihr Hunde doch nur

Menschen wärt! Dann hättet ihr mir beim Ausschlachten helfen können und würdet mit mir zusammen das viele Fleisch nach Hause tragen." Aber die Hunde lagen nur still da und guckten ihn immerzu an.

„Ach, wenn ihr Hunde doch Menschen wärt!"

Da sagte der Mann noch einmal: „Ach, wenn ihr Hunde doch Menschen wärt! Dann hättet ihr mir beim Ausschlachten helfen können und würdet mit mir zusammen das viele Fleisch nach Hause tragen."Da legten sich die Hunde auf den Rücken. Sie lagen ausgestreckt und stützten sich dann auf dem Ellenbogen ab.

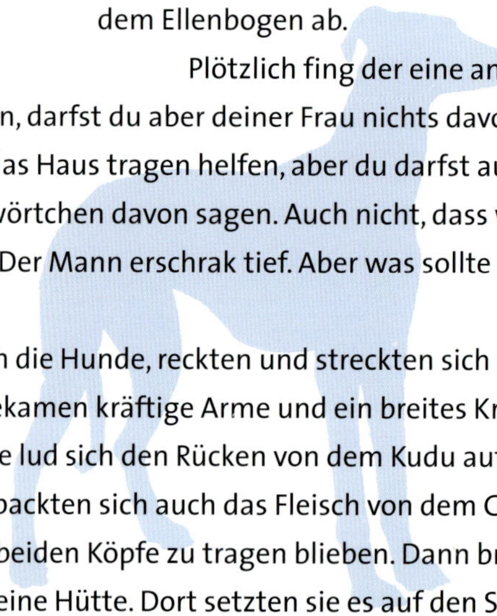

Plötzlich fing der eine an, zu sprechen: „Wenn wir dir helfen sollen, darfst du aber deiner Frau nichts davon erzählen. Wir werden dir bis hinter das Haus tragen helfen, aber du darfst auf keinen Fall deiner Frau ein Sterbenswörtchen davon sagen. Auch nicht, dass wir reden können, sonst bist du tot." Der Mann erschrak tief. Aber was sollte er nun machen? Er sagte gar nichts.

Da erhoben sich die Hunde, reckten und streckten sich und standen auf zwei Beinen. Sie bekamen kräftige Arme und ein breites Kreuz, um gut tragen zu können. Der eine lud sich den Rücken von dem Kudu auf und der andere die beiden Seiten. Sie packten sich auch das Fleisch von dem Gamsbock auf, bis für den Mann nur die beiden Köpfe zu tragen blieben. Dann brachten sie alles Fleisch bis hinter seine Hütte. Dort setzten sie es auf den Steinen nieder. Nun wurden sie wieder zu den Hunden, die sie vorher gewesen waren und legten sich vor die Hütte ans Feuer. Der Mann lud sich die ganze Fleischlast auf

den Kopf und trat damit in die Hütte. „Oh“, rief die Frau, „wie hast du das nur angestellt, so viel Fleisch zu tragen?“ „Ich habe es stückweise gebracht, ich bin immer wieder zurück gelaufen“, log der Mann.

„Aber warum hast du mich nicht geholt, damit ich dir helfe, so wie wir das immer machen?“

„Ach, ich hatte es schon so weit gebracht, da habe ich auch den Rest selbst geholt.“

Von dem Tag an verstand der Mann nicht nur, worüber die beiden Hunde sich unterhielten, sondern auch, was die anderen Tiere sprachen. Wenn die Ziegen meckerten und die Kühe muhten, dann redeten sie in ihrer Sprache und der Mann konnte sie verstehen. Er lauschte ihnen oft und wenn sie so redeten, musste er manchmal lachen.

Einmal konnte er nicht mehr aufhören. Er lachte und lachte. „Was lachst du nur immerzu?“, fragte seine Frau. „Na, hörst du denn nicht, was die Tiere untereinander sprechen?“, erwiderte er.

„Tiere reden doch nicht!“

„Doch! Meine Hunde hier können reden! Die Kühe reden und auch die Ziegen reden ...“

Aber noch während er sprach, fiel er tot nieder.

Für mich wird ein Haus oder eine Wohnung erst
dann zu einem Heim, wenn man vier Beine
hinzufügt, ein wedelndes Schwänzchen
und diese maßlose Zuwendung,
die wir Hund nennen.

Roger Caras

Die Eigentumsrechte des Hundes

1. Was mir gefällt, gehört mir.

2. Was ich dir wegnehmen kann, gehört mir.

3. Was in meine Schnauze passt, gehört mir.

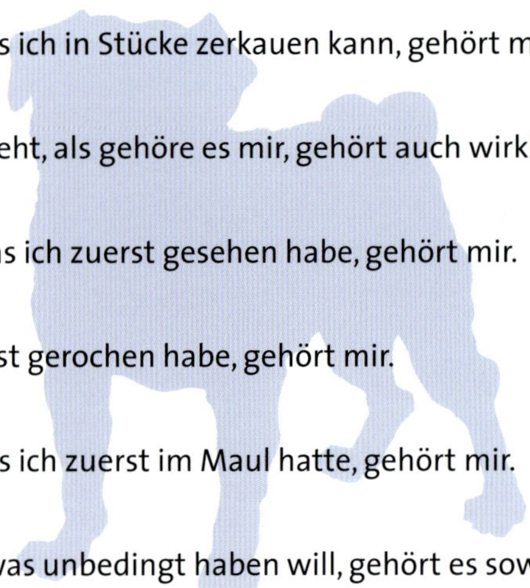

4. Was ich in Stücke zerkauen kann, gehört mir, Stück für Stück.

5. Was so aussieht, als gehöre es mir, gehört auch wirklich mir.

6. Was ich zuerst gesehen habe, gehört mir.

7. Was ich zuerst gerochen habe, gehört mir.

8. Was ich zuerst im Maul hatte, gehört mir.

9. Wenn ich etwas unbedingt haben will, gehört es sowieso mir.

10. Was du auf den Boden legst, gehört automatisch mir.

11. Wenn etwas kaputt ist, gehört es ***DIR*** !!!

Hündischer Hochadel

Drei Hunde beschnüffeln sich ausgiebig und befragen sich anschließend nach ihren Namen.

Da sagt der erste Hund, ein reinrassiger Dobermann: „Ich komme aus Düsseldorf und heiße Dogbert von Dekadenz!“

Der zweite, ein reinrassiger Mops, sagt: „Ich komme aus München und heiße Marlon vom Modehaus!“

Daraufhin blicken beide Hunde hochnäsig auf den dritten Hund herab, der eine Promenadenmischung ist. „Ich“, sagt dieser fröhlich, „ich komme aus Köln und heiße Runter vom Sofa!“

Ich habe große Achtung vor der Menschenkenntnis meines Hundes, er ist schneller und gründlicher als ich.

Fürst Bismarck

Die drei seltsamen Hunde

nach einem hessischen Märchen

Ein armer Schneider wollte sein Glück versuchen und machte sich auf den Weg in die weite Welt. Nach einigen Tagen kam er in einen großen, dunklen Wald. Als er eine Weile gegangen war, kam ihm ein majestätischer Wolfshund entgegen. Als sie auf gleicher Höhe waren, fing der Hund an zu sprechen. Er fragte, ob der Schneider ihn mitnehmen könne. „Wenn du mir gehorchen willst, nehme ich dich mit", sagte der Mann und der Hund lief hinter ihm drein.

Als sie aus dem Wald heraus traten, kam ein eleganter Windhund daher. Auch er konnte sprechen und fragte, ob er mit ihnen gehen könne. „Ein Hund ist zwar mehr als genug, aber wenn du mir gehorchen willst, nehme ich dich mit", sagte der Schneider und der Hund lief hinter ihnen drein.

Als die drei Wanderer über eine große Wiese gingen, begegnete ihnen ein wunderschöner weißer Königspudel. Auch er fragte, ob er mitkommen könne. „Aller guten Dinge sind drei. Wenn auch du mir gehorchen willst, nehme ich dich mit."

Bald darauf erreichten sie ein großes, düsteres Schloss. Da sagte der erste Hund: „Hier hausen garstige Riesen. Wenn du aber mutig bist, dann binde uns an einen Strick, nimm uns mit ins Schloss und verkaufe uns an die Riesen. Aber Vorsicht! Sie sind hinterlistig und gemein! Du musst jedoch keine Angst haben,

denn wir werden dir etwas schenken, das dir helfen kann, wenn du es richtig anwendest.“ Mit diesen Worten überreichte er ihm einen Topf mit Salbe. „Wenn du diese Salbe auf einen Stuhl streichst, bleibt jeder daran kleben, der sich darauf setzt.“

Der Schneider steckte die drei Gaben ein und spazierte mit den Hunden guten Mutes ins Schloss hinein.

Der zweite Hund schenkte ihm einen kleinen Stab. „Wem auch immer du damit auf den Kopf klopfst, der wird keinen Mucks mehr tun.“

Der dritte überreichte ihm eine kleine Pfeife und sagte: „Wann immer du Hilfe brauchst, blas hinein und wir werden dich retten“.

Der Schneider steckte die drei Gaben ein und spazierte mit den Hunden guten Mutes ins Schloss hinein. Sie betraten eine große, weite Halle, in der ein riesiger Tisch stand, an dem drei garstige Riesen saßen. Sie tranken aus Fässern und aßen von Tellern so groß wie Wagenräder.

Der kleine Schneider machte eine höfliche Verbeugung und zog seinen Hut. „Einen guten Tag wünsche ich, möchten die Herren vielleicht drei wunderschöne Hunde kaufen?“ Die Riesen lachten ihn zwar zuerst aus, wurden dann jedoch neugierig und schauten sich die Hunde genau an.

Und weil diese so schön und kräftig waren, wollten die Riesen sie behalten und auch gleich im Hof anleinen. „Warte hier, bis wir zurück sind. Dann bringen wir dir auch dein Geld.“ Dabei grölten sie vor Lachen aus vollem Hals und warfen sich hämische Blicke zu. Kaum waren sie jedoch verschwunden, kletterte der Schneider flink auf die drei großen Stühle und verstrich die Salbe darauf. Als er gerade fertig war, polterten die drei Riesen wieder herein.

Sie hatten in der Zwischenzeit einen Beschluss gefasst. Sie wollten den Schneider fressen. Auch wenn er nur ein kleines Häppchen für die Zahnlücke war, so wollten sie sich doch ein Stück Menschenfleisch nicht entgehen lassen. „Deine Hunde sind nichts wert“, schrie der erste Riese. „Du wolltest uns wohl betrügen.“ „Und wer uns betrügen will, den töten wir!“, grölte der zweite. „Und wen wir töten, den fressen wir!“, dröhnte der dritte.

Da erwiderte der Schneider mit fester Stimme: „Wenn es wirklich stimmt, was ihr sagt, so will ich ohne Murren sterben, aber vorher habe ich ein Recht auf ein Urteil. Haltet ordentlich Gericht über mich, sodass ich mich verteidigen kann.“

Wie lachten da die Riesen, aber sie stellten dennoch ihre Stühle in einer Reihe auf und nahmen wichtigtuerisch Platz. „Schieß los, du nachgemachter Mensch“, polterte feixend der erste. „Nun gut, so hört mich an. Statt mich zu verteidigen, verurteile ich euch hiermit alle drei zum Tode.“

Die Riesen fingen an, wie irre zu lachen, aber als sie aufstehen wollten, um den Schneider zu schnappen, klebten sie fest und konnten sich nicht rühren. Da nahm der Schneider den Stab, tippte ihnen damit leicht auf die riesigen Schädel und wie von Geisterhand fielen die drei mitsamt den angeklebten Stühlen um und waren auf der Stelle mausetot.

Aber im selben Moment flog die schwere Tür auf. In der Türfüllung stand ein enormer Riese. Er war dreimal so groß wie die anderen und brüllte wie ein wilder Stier, als er sah, was passiert war. Er war der König aller Riesen und als er den Schneider entdeckte, fragte er außer sich vor Wut, wer seine Untertanen erschlagen habe. „Das war ich“, sagte der winzige Menschenmann fröhlich. „Das wirst du mir büßen“, brüllte der Hüne, grapschte nach ihm und hielt ihn an den Füssen hoch. „Zum Fressen bist du mir zu dürr, aber als Vogelscheuche kann ich dich gebrauchen.“

Mit diesen Worten trug er ihn hinaus in den Garten, wo ein riesiger Galgen stand, auf dem er ihn absetzte, um die Schlinge zu knüpfen. Da zog der Schneider die Pfeife aus der Tasche und blies aus voller Brust hinein.

Im gleichen Augenblick erschienen die drei Hunde mit zerrissenen Ketten um den Hals. Sie fielen über den König der Riesen her und rissen ihn in Stücke. Der Schneider sprang vom Galgen herab und liebkoste seine treuen Hunde. „Das Schloss ist jetzt von den Riesen befreit. Zum Dank musst du uns dreien die Köpfe abhauen.“ „Seid ihr von Sinnen?“, jammerte der Schneider los. „Das werde ich niemals tun. Was ist denn das für ein Dank?“ „Dann müssen wir dich zerreißen wie den Riesenkönig“, antwortete der Windhund. „Bitte tu, was wir dir sagen“, bettelte der Königspudel. „Wir haben keine andere Wahl und du sollst es auch nicht bereuen!“ Als der Schneider merkte, dass es den Hunden Ernst damit war, holte er ein Schwert aus der Waffenkammer, umfasste es mit beiden Händen und schlug den Hunden schweren Herzens die Köpfe ab. Dann sank er auf den Boden und weinte, denn er hatte die schönen Tiere doch sehr lieb gewonnen.

Doch wie wunderte er sich, als er plötzlich seinen Namen hörte. Als er aufschaute, stand vor ihm ein stattliches Königspaar. „Du hast uns erlöst“, sprach der König und umarmte ihn. „Wir waren verwünscht. Wir werden dir immer dankbar sein.“ Erstaunt rief unser Schneider: „Wo ist der dritte Hund?“

Da traten König und Königin auseinander und hinter ihnen stand eine wunderschöne Prinzessin. „Dies ist meine Tochter“, sagte der König. „Zum Dank für deine Hilfe gebe ich sie dir zur Frau“. Der Schneider nahm die schöne Königstochter bei der Hand und gemeinsam gingen alle zum Schloss.

Der böse Zauber war verschwunden, Diener und Zofen huschten herum. In der großen Halle stand eine goldene Tafel, die reichlich gedeckt war. Alle ließen sich nieder und schmausten, was sie konnten. „Nun wird es dir an nichts mehr fehlen!“, sagte der König zu seinem neuen Schwiegersohn. „Leider muss ich dir widersprechen“, antwortete dieser jedoch. „Wenn ich ehrlich bin, so fehlen mir meine drei Hunde. Ich habe sie sehr lieb gewonnen.“

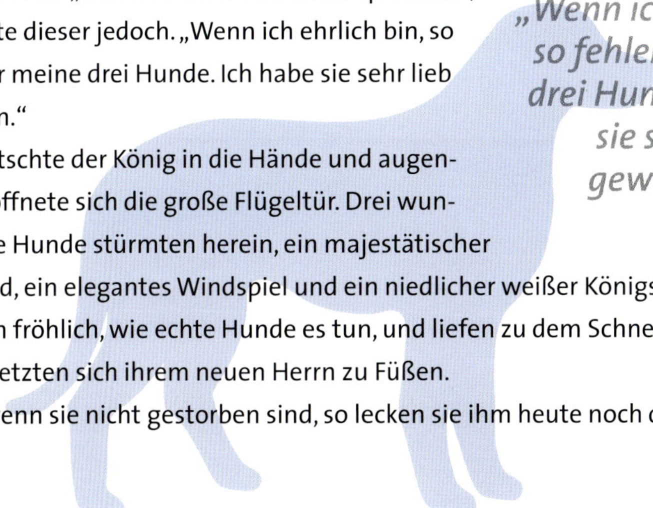

> *„Wenn ich ehrlich bin, so fehlen mir meine drei Hunde. Ich habe sie sehr lieb gewonnen!“*

Da klatschte der König in die Hände und augenblicklich öffnete sich die große Flügeltür. Drei wunderschöne Hunde stürmten herein, ein majestätischer Wolfshund, ein elegantes Windspiel und ein niedlicher weißer Königspudel. Sie bellten fröhlich, wie echte Hunde es tun, und liefen zu dem Schneider hin. Alle drei setzten sich ihrem neuen Herrn zu Füßen.

Und wenn sie nicht gestorben sind, so lecken sie ihm heute noch dieselben.

Wenn man einen hungrigen Straßenhund aufpäppelt, wird er einen nicht beißen.
Darin liegt der größte Unterschied zwischen Mensch und Hund.

Mark Twain

Tausendfüßler

„Wie viele Beine hat der Hund?“, fragt der Lehrer.

„Zwölf“, trompetet Fritzchen.

„Und wo hat er die, bitteschön?“, spottet der Lehrer.

„Ganz einfach. Vorne zwei und hinten zwei, macht vier. Dazu an jeder Ecke eins, macht acht. Tja, und dann noch zwei an jeder Seite, macht summa summarum zwölf.“

Acht praktische Tipps für Welpen

1.

Leg den Kopf leicht schief und perfektioniere dabei deinen Unschuldsblick. Dann können dir Herrchen und Frauchen rein gar nichts abschlagen.

2.

Leg dich vor dem Fressnapf auf den Boden.
Fang leise an zu winseln.
Mit Sicherheit bekommst du dann sofort etwas zu fressen.

3.

Winsle auch, wenn man dich nicht ins Bett lässt. Auch hier hilft ein leichtes Neigen des Kopfes, sodass man das Weiße deiner Augen sieht. Mach dich im Bett anfangs noch klein und erst später breit.

4.

Setz dich beim Essen immer nah an das Bein desjenigen, der seinen Teller nicht leer essen will (Kinder). Ein leichtes Kratzen mit deiner Pfote am Bein wird meist von Erfolg gekrönt und es fallen ein paar Bissen für dich ab.

5.

Stell dich bei Befehlen prinzipiell taub und reagiere nur, wenn es eine leckere Belohnung gibt.

6.

Zieh an jeder Eisdiele kräftig an der Leine und lass Herrchen und Frauchen wissen, welches deine Lieblingseissorte ist.

7.

Stelle dich gut mit dem Metzger. Bleib brav vor dem Laden und wedele demütig mit dem Schwanz.

8.

Wenn du ein Loch im Garten gegraben hast und dabei erwischt wirst, leg dich platt auf den Boden und schau von ganz unten herauf. Demonstratives Schuldbewusstsein schützt hier am ehesten vor Strafe.

Warum sich die Hunde beschnüffeln

Sage aus Rumänien

Eines Tages, vor langer, langer Zeit, waren es die Hunde leid, dass sie immer nur die Knochen bekamen und die Menschen das leckere saftige Fleisch aßen.

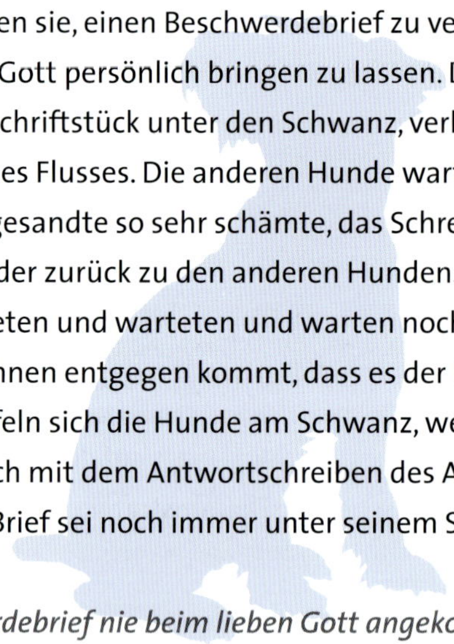

Deshalb beschlossen sie, einen Beschwerdebrief zu verfassen und diesen durch einen Kurier zu Gott persönlich bringen zu lassen. Der Abgesandte der Hunde klemmte das Schriftstück unter den Schwanz, verlor es aber beim Durchschwimmen eines Flusses. Die anderen Hunde warteten und warteten. Weil sich aber der Abgesandte so sehr schämte, das Schreiben verloren zu haben, kehrte er nie wieder zurück zu den anderen Hunden.

Diese jedoch warteten und warteten und warten noch heute und denken bei jedem Hund, der ihnen entgegen kommt, dass es der Rückkehrer sei.

Seitdem beschnüffeln sich die Hunde am Schwanz, weil sie meinen, der Kurier müsse doch endlich mit dem Antwortschreiben des Allmächtigen zurückgekehrt sein und der Brief sei noch immer unter seinem Schwanz zu finden.

Und weil der Beschwerdebrief nie beim lieben Gott angekommen ist, müssen die (meisten) Hunde auch heute noch mit Knochen vorliebnehmen.

Frohes Erwachen

Eine alte Dame kommt mit ihrem Pinscher zum Tierarzt.

„Herr Doktor“, klagt sie, „jeden morgen um Punkt sechs Uhr macht Fiffi sein Geschäftchen.“

„Aha“, fragt der Arzt interessiert. „Wie ist denn die Konsistenz? Ist das ‚Geschäftchen‘ zu hart oder zu weich?“

„Nein, Herr Doktor, es ist wie es sein sollte“, lautet die Antwort.

„Und die Farbe“, will der Arzt nun wissen, „ist sie ungewöhnlich?

„Nein, nein, auch alles wunderbar, wie es sein sollte“, beteuert die alte Dame.

„Ist denn der Geruch in irgendeiner Weise besorgniserregend?“, fragt der Mediziner.

„Nein, auch das nicht“, meint die alte Dame. „Ganz normal, wie es sein sollte.“

„Nun“, sagt der Arzt und lehnt sich zurück.

„Dann ist doch alles wunderbar. Sie sollten froh sein, dass ihr Hündchen eine so herrliche, regelmäßige Verdauung hat. Wo sehen Sie eigentlich das Problem?“

„Das Problem, Herr Doktor ...“, sagt die alte Dame und schaut den Arzt schuldbewusst an, „... Fiffi schläft bei mir im Bett! Und wir werden beide immer erst kurz nach sechs Uhr wach!“

Das Schloss der hunderttausend Hunde

hundgerecht aus dem Indischen übertragen

Im fernen Wauwausien steht versteckt im undurchdringlichen Urwald ein wundersames Schloss, dessen Mauern, Zinnen und Türme aus purem Gold sind. Im Inneren des Schlosses spiegelt sich millionenfach das Licht, denn die Wände sind mit hunderttausend Spiegeln ausgekleidet. Der dichte wauwausische Dschungel jedoch hüllt das sagenhaft schöne Schloss so ein, dass nur sehr wenige Lebewesen es jemals gesehen haben.

Eines Tages verirrte sich in dem Dickicht ein großer starker Hund, der in einem Dorf am Rand des Urwalds lebte. Auf der Suche nach einem Weg aus dem Dschungel war er immer tiefer hinein geraten, bis er plötzlich so geblendet wurde, dass er abrupt stehen bleiben musste. Er blinzelte und sah vor sich die goldenen Wände des verwunschenen Schlosses. Er hatte einen Schatz gefunden! Wenn er diesen Schatz bergen könnte, würde er auf goldenen Kissen schlafen statt in der armseligen Hundehütte. Von Nachtigallenherzen würde er sich ernähren statt von Abfall und abgenagten Knochen.

Er würde reich sein. Reicher als sein Herr. Das Herz klopfte ihm aufgeregt bis zum Halse. Er lief um das Schloss herum, bis er den Eingang gefunden hatte. Er sah sich augenblicklich schon als Schlossherr und ging hochmütig hinein.

Bizarres Licht aus tausend Spiegeln brach über ihn herein. Doch als er sich an die Helligkeit gewöhnt hatte, erschrak er fürchterlich. Hundertausend hochmütige Hunde schauten ihn an. „Man ist mir zuvorgekommen“, dachte der Hund. „Die wollen alle mein Gold!“ Bei dem Gedanken sträubte sich sein Rückenfell. Doch wohin er auch blickte, überall sah er Hunde mit gesträubten Rückenhaaren. Grimmig und böse schaute unser Hund drein. Und wohin er auch sah, starrten ihm grimmige böse Hunde entgegen.

Wohin er auch blickte, überall sah er Hunde mit gesträubten Rückenhaaren.

Da knurrte er gefährlich. Ein hunderttausendfach gefährlicheres Echo knurrte zurück. Er fletschte die Zähne. Hunderttausend Hunde fletschten die Zähne.Der große starke wauwausiche Hund fing an zu bellen.

Doch als ihm hunderttausend grimmige, böse Hunde entgegenbellten, bekam er es endgültig mit der Angst zu tun. Zitternd zog er den Schwanz ein und entfloh winselnd der goldenen Hölle. Kein Gold der Welt hätte ihn je an diesen schaurigen Ort zurück gebracht. Lange Zeit blieb die Ruhe des seltsamen Schlosses ungestört, bis ein anderer Hund sich in seine Nähe verirrte.

Es war dies ein kleiner fröhlicher Straßenköter, der bei der goldenen Entdeckung freudig mit dem Schwanz wedelte. „Wer wohl in einem solch schönen Schloss lebt?“, dachte der kleine Hund und fand bald den Eingang ins Innere. Als er sich dort von dem gleißenden Licht erholt hatte, sah auch er sich plötzlich von hunderttausend Hunden umgeben, die ihn jedoch neugierig, mit schief gelegten Köpfen freundlich anblickten.

So viele Freunde auf einmal hatte der kleine Hund noch nie gesehen. Vor lauter Freude darüber, dass seine Einsamkeit nun endlich vorüber war, wedelte er heftig mit dem Schwanz. Hunderttausend Hunde wedelten auch.

Er stupste einen nach dem anderen mit der Nase an, sie stupsten fröhlich zurück. Ihre Nasen waren angenehm kühl und feucht, so wie es ordentliche Hundenasen sein sollten. Und als der kleine Hund inmitten der vielen Hunde ein kleines Freudenkonzert begann, heulten mit ihm so viele Hunde wie noch nie.

Glücklich verließ er bald darauf diesen goldenen Ort. Weil er schlau und zufrieden war, fand er bald den Weg in sein Dorf und merkte sich obendrein sogar noch die Fährte. Und viele Jahre lang besuchte der Hund immer wieder das Schloss der hunderttausend Spiegel, um sich mit den anderen Hunden zu freuen. Er hatte einen echten Schatz gefunden.

So kann derselbe Ort für den einen die Hölle und für den anderen das Paradies sein. Und wie man in den Spiegel hineinbellt, so schallt es zurück.

Hündische Liebeserklärung

von Gaby Falk

Mein geliebter kleiner Hund,
Du hast ein Maul und keinen Mund.
Mit diesem isst du nicht, du frisst,
Auch wenn es nicht sehr vornehm ist
Aus dem Fressnapf, deinem Teller.

Du nervst mich manchmal auch als Beller.
Du trinkst auch nicht, sondern du säufst.
Du bist so süß, wie du so läufst.
An deinen Füßen sitzen Pfoten,
Damit zu kratzen, ist verboten.

Du wirst nicht geil, nein, du wirst läufig
Und, wie ich finde, ziemlich häufig.
Auch ohne eine Spur von Rasse
Bist du, mein Hund, ganz einfach klasse.
Du bist der einzige, der sich freut
Wenn ich nach Haus komm – so wie heut.

Du bist so ehrlich und so treu,
Du guckst mal frech und manchmal scheu.
Du bist nicht langsam, sondern schnell
Und deine Haare heißen Fell.
Wenn ich sie schneide, trimm ich dich,
wenn du mich beißt, vertrimm ich dich – natürlich – nicht.

Mein geliebter kleiner Hund,
Bitte bleib recht lang gesund!

Ein gut erzogener Hund wird nicht darauf bestehen, dass Du die Mahlzeit mit ihm teilst, er sorgt lediglich dafür, dass Dein Gewissen so schlecht ist, dass sie Dir nicht mehr schmeckt.

Helen Thomson

Püppi gehorcht aufs Wort

von Gaby Falk

„Mach Platz!“, sagte Frauchen. Püppi gab Pfötchen.
„Nein, Platz!“, wiederholte Frauchen. Püppi legte sich auf den Rücken.
„Platz!“ Frauchens Stimme hörte sich plötzlich ziemlich schrill an.
Püppi sprang an ihr hoch wie ein Gummibällchen und wedelte wild mit ihrem Stummelschwanz.

„Platz!“, brüllte Frauchen. Sie gab Püppi einen festen Klaps aufs Hinterteil und versuchte dann, selbiges auf den Teppich zu drücken. Da musste Püppi pupsen. Püppis Pups roch nach einer gefährlichen chemischen Verbindung, einer Mischung aus Dosenfutter, Marzipan und schlechtem Gewissen. Püppi hatte mal wieder heimlich genascht. „Püppi!“ Frauchen kreischte hysterisch. „Du Ferkel! Geh in dein Körbchen. Verschwinde!“

Da machte Püppi Platz.

„Okay, Püppi“, schnaubte Frauchen. „Das hast du jetzt davon.“ Püppi spitzte die Ohren und legte den Kopf schief, bis sich in ihren Augen das Weiß zeigte. „Du böser, böser Hund.“ Der böse, böse Hund fiepte.

„Du hast es so gewollt“, zischte Frauchen und stöckelte zum Telefon. „Eigene Schuld! Du wirst schon sehen, was du davon hast.“ Püppi jaulte laut auf. Sie warf sich unterwürfig auf den Rücken und wimmerte in den höchsten Tönen.

„Jetzt ist der Hundetrainer fällig!“, sagte Frauchen und nahm den Hörer ab.

Da machte Püppi Pippi.

„Ach, Püppi“, seufzte Frauchen und legte den Hörer wieder auf. „Wer wird denn solche Angst haben?“

Sie eilte zu dem kleinen Hund am Boden, der sich hilflos wimmernd zwischen den Beinen leckte und dabei schuldbewusst aus schwarzen Augen zu ihr empor sah. „Hat dir das dumme, dumme Frauchen solche Angst gemacht?“ Sie hob das Hündchen hoch und schloss es fest in ihre Arme.

„Natürlich gehen wir nicht zu dem bösen, bösen Hundetrainer“, schniefte sie.

Dann küsste sie wieder und wieder die kleine feuchte Hundeschnauze, wobei ihr die Tränen über die Wangen liefen.

„Komm, mein kleiner Schatz“, sagte sie zärtlich, „du willst doch sicher noch ein kleines Stückchen Marzipan …“

Püppi rülpste zufrieden.

Der Hund und das Stück Fleisch

nach Äsop

Ein großer Hund hatte einem kleinen Hund ein Stück Fleisch abgejagt. Mit seiner fetten Beute rannte er davon, um sie in aller Ruhe zu verspeisen. Er lief auf einen Steg, der über einen kleinen Bach führte, und ließ sich dort nieder. Gerade wollte er genüsslich in den Fleischbrocken beißen, da erblickte er unter sich einen anderen Hund, der auch an einem dicken Stück Fleisch nagte. Gierig wie er war, erwachte in ihm der Wunsch, auch diesem Hund die vermeintlich größere Beute abzujagen.

Ohne lange zu zögern, stürzte er sich kopfüber ins Wasser hinein und riss dabei sein Maul weit auf, um den anderen Hund zu beißen. Doch wie wunderte er sich, als er nur klares, kühles Wasser zwischen die Lefzen bekam. Auch waren der andere Hund sowie sein leckeres Fleischstück urplötzlich verschwunden. Verwirrt schaute sich der große Hund um. Erst da bemerkte er, dass auch sein eigenes Stück Fleisch weg war. Er suchte es unter Wasser und am Ufer, aber es blieb verschwunden. Wütend knurrte der gierige Hund, aber sein Magen knurrte noch ärger.

Bachabwärts aber saß der kleine Hund am Ufer und freute sich über ein großes Stück Fleisch, das da plötzlich angeschwommen kam.

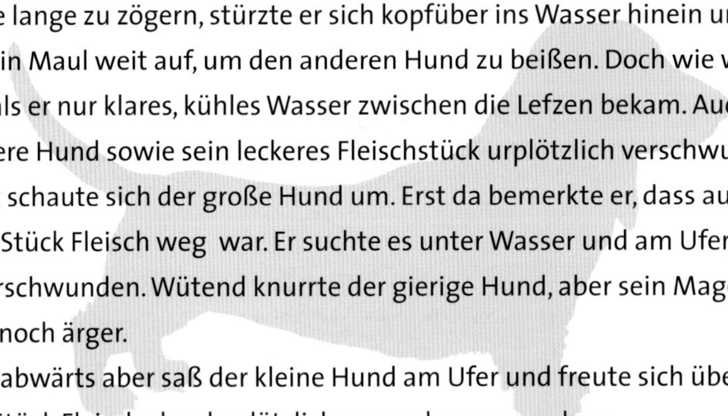

Rüdiger

von Georg Schnitzler

Jetzt komm mal hierher. Ja, so ist fein! Und Platz gemacht und die Ohren gespitzt! Was ich dir jetzt erzählen werde, das glaubst du nicht! Nein, das glaubst du wirklich nicht! Ich wollte es ja selbst kaum glauben.

Da war einmal ein Hund, der war fast so groß wie du. Natürlich war er nur fast so groß wie du, denn schließlich bist du ja der Größte. Nein daran gibt es gar keinen Zweifel, dass du der Größte bist, das steht ja unbestritten fest! Und dieser Hund, der fast so groß war wie du, der hieß Rüdiger.

Dass Rüdiger ein Rüde war, versteht sich von selbst. Das steckt ja schon im Namen. Und was für ein Rüde Rüdiger war, das kann ich dir aber sagen, ein richtiger Tausendsassa ist Rüdiger gewesen. Na ja, das hat man sich denken können. Rüdiger, musst du nämlich wissen, ist die Steigerung von Rüde.
Und auch wenn Rüdiger also sozusagen ein rüdiger Rüde war, so ist er doch kein rüder Rüde gewesen. Nein, das kann man nicht behaupten. Auch wenn er ein kleiner Hundemacho gewesen ist, so waren seine Umgangsformen doch stets wohlerzogen.

Nur auf der Hundewiese, da hat Rüdiger seinem Namen alle Ehre und so manches Gebell um nichts gemacht. Das hatte sich Rüdiger übrigens von seinem Herrchen abgeguckt. Ja, das Gebell um nichts, das beherrschte sein herrisches Herrchen aus dem Effeff.

Platz hier, Sitz da , Aus und Pfui am laufenden Band. Und wie am laufenden Band kam auch Rüdiger sich jedes Mal vor, wenn sein Herrchen ihn an der Leine zur Hundewiese führte. Und wenn Rüdiger dann zusehen musste, wie sein Herrchen dort um die Frauchen herumscharwenzelte, dann fragte er sich schon, wer hier eigentlich wen ausführte und wohin das Ausführen überhaupt führen sollte.

Wer hier eigentlich wen ausführte und wohin das Ausführen überhaupt führen sollte?

Ach, und dann folgte natürlich immerzu das ewig gleiche Geschwafel über Rasse und Stammbaum und Alter. Nein, das interessierte Rüdiger nun wirklich nicht. Und jedes Mal, noch bevor er all den anderen Rüden und selbstverständlich auch den anwesenden Hundedamen klarmachte, dass er, Rüdiger, hier auf der Wiese mit Abstand der rüdigste Rüde war, hätte er gerne noch seinem Herrchen den Tipp gegeben, sich statt des ewigen Geredes mal anständig zu beschnüffeln mit den Frauchen, nur damit das auch mal klappte mit der Nachbarin. Aber dazu hatte Rüdiger, einmal vom Gängelband befreit, keine Zeit mehr. Übrigens dachte sich Rüdiger, könne sein Herrchen da ruhig mal von selbst drauf kommen. Schließlich wusste der ja auch sonst alles besser.

Und einmal im Jahr machte Rüdiger zwei Wochen Urlaub. Das heißt, Rüdiger schickte dann sein Herrchen auf eine Reise und er selbst zog solange zu Tante Gut-tun. Sie war natürlich nicht seine leibliche Tante, sondern vielmehr Herrchens Schwester und in Wirklichkeit hieß sie Gudrun. Nur Rüdiger nannte sie Gut-tun, denn bei Tante Gut-tun durfte Rüdiger alles, was sein herrisches

Herrchen ihm verbot, einem zivilisierten Rüdiger aber durchaus zustand. Hier durfte er auf dem Sofa liegen, hier durfte er im Bett schlafen und selbstverständlich durfte er hier auch am Tisch essen.

Es ist nicht so gewesen, dass Rüdiger sein Herrchen nicht gemocht hätte. Nein, natürlich liebte er sein Herrchen. Aber wenn man so tagtäglich zusammen ist, dann kann man schon einmal im Jahr einen Urlaub von einander gebrauchen. Und das Allerbeste an dem Urlaub, das war ja die Wiedersehensfreude. Und jedes Jahr brachte ihm sein Herrchen etwas von seinen Reisen mit. Aus Italien hatte es schon den feinsten Parmaschinken gegeben. Aus Griechenland eine pikante Lammkeule und aus Ungarn eine feurige Salami.

Alles in allem kann man sagen: Rüdiger führte ein ganz normales Rüdenleben. Jedenfalls tat er das bis zum letzten Sommer. Er hatte wie immer seinen wohlverdienten Urlaub bei Tante Gut-tun verbracht, während sein Herrchen durch Frankreich reiste. Und das diesjährige Mitbringsel hatte Rüdiger sich schon in den allerschönsten Farben ausgemalt. Von einer dicken rosigen Lyoner Wurst hatte er geträumt und der bloße Gedanke an eine deliziöse Leberpastete hatte ihm das Wasser im Maul zusammenlaufen lassen. Was Rüdiger dann aber in seinem Garten erblickte, als Tante Gut-tun ihn wieder nach Hause gebracht hatte, verschlug ihm schier den Atem: ein lebendiges Huhn!

„Das ist Désirée“, hatte sein sonderbares Herrchen gesagt und dann noch: „Sei lieb zu ihr!“ Ja hatte sein Herrchen denn völlig den Verstand verloren, was glaubte der denn, warum Rüdiger täglich alle vier Himmelsrichtungen des Gartens mit seinem Duft markierte? Morgens den Osten. Mittags den Süden. Am Nachmittag den Westen und am Abend den Norden. Nur so hatte Rüdiger es über all die Jahre geschafft, allen zu zeigen, wer hier der einzige Herr im Hause war. Eindringlinge waren hier unerwünscht und bis jetzt hatte Rüdiger gedacht, wenigstens in diesem Punkt mit seinem Herrchen einig zu sein, oder warum hatte sein Herrchen den großen Zaun rund um Rüdigers Revier gezogen? Ja wohl kaum dafür, dass hier niemand heraus kam! Und jetzt lief in SEINEM Garten ein französisches Huhn herum! Ein französisches Huhn, das muss man sich mal vorstellen! Und einen Namen hatte es auch noch: Désirée! Nicht mit mir! Verscheuch es! War der erste Gedanke, den Rüdiger denken konnte. Verscheuch es! Verscheuch es! Verscheuch es!

Und so stürzte er sich dann auch mit dem allerschönsten wuffigen Kampfgebell auf den Eindringling, der wild flatternd, erstaunlich flink und mit einem französischem „bohk, pok, pok – bohk, pok pok“ in weitem Bogen die Flucht ergriff. „Wuff, Wuff“ bellte Rüdiger bereits siegessicher, doch da schlug das Huhn Désirée plötzlich und unerwartet einen Haken, wurde vom Verfolgten zum Verfolger, raste auf Rüdiger zu und mit einem weiteren, aufgeregten „bohk, pok, pok – bohk, pok pok“ hackte das freche Huhn mit spitzem Schnabel auf

Rüdigers Nase ein. Beleidigt und jaulend vor Schmerz stürmte Rüdiger ins Haus. Beschweren wollte er sich! „Eine Zumutung“, bellte er. „Eine französische Zumutung“, bellte er. „Eine schmerzhafte französische Zumutung“, fügte er noch jaulend hinzu. Aber weder sein Herrchen noch Tante Gut-tun hatten ein Ohr für ihn. Von heute auf morgen stand die Welt des Rüden Rüdiger Kopf. Draußen herrschte ein französisches Kampfhuhn. Drinnen herrschte Ignoranz. Was er denn mit dem Huhn vorhabe, hörte er Tante Gut-tun fragen. „Nichts,“ antwortete sein Herrchen. Nichts habe er damit vor, ein Geschenk sei das Huhn gewesen und für den Kochtopf sei es bestimmt. Aber das brächte er nicht fertig. Nein, das könne er nun wirklich nicht, einem Huhn den Hals umdrehen. Das Huhn bliebe im Garten und dann würde man schon sehen, sagte das Herrchen. Vielleicht würde es ja Eier legen, fügte er noch hinzu.

Draußen herrschte ein französisches Kampfhuhn. Drinnen herrschte Ignoranz.

Rüdiger hatte genug gehört. Von seinem Herrchen, soviel stand fest, war mal wieder keine Hilfe zu erwarten. Und wenn sein Herrchen dem dummen Huhn den Hals nicht umdrehen konnte, dann musste das Rüdiger eben selbst erledigen. In Rüdigers Garten jedenfalls konnte das Huhn nicht bleiben. Nein, dort konnte das Huhn wirklich nicht bleiben, denn dort konnte es nur einen geben! Und der eine, das war klar, hieß Rüdiger! Die Schmerzen in der Nase vergessend, nahm Rüdiger all seinen Mut zusammen. Auf leisen Pfoten schlich er zurück in den Garten, legte sich hinter dem Ginsterbusch auf die Lauer und listig wie eine Katze wartete er dort geduldig auf seine Chance. Und als das Huhn Désirée arglos auf dem Boden herumpickend an ihm vorbeistolzierte, da

schoss Rüdiger aus seinem Hinterhalt und, wieder sein schönstes Kampfgebell wuffend, stürzte er sich auf den Feind! „Wuff – Wuff, Wuff“, er bekam ihn mit scharfen Zähnen am Bein zu fassen. „Bohk, pok, pok – bohk, pok pok“, schrie das aufgeregte Huhn in Todesangst und hieb mit seinem spitzen Schnabel um sich. „Bohk, pok, pok“, der Schnabel traf Rüdigers Schenkel, „bohk, pok, pok“, traf der Schnabel Rüdigers Brust, „bohk, pok pok“, der Schnabel traf Rüdigers Bauch.

Dann war nicht mehr zu sehen, wohin der Schnabel traf, denn der Rüde Rüdiger und das Huhn Désirée waren verschwunden, verschwunden in einem Meer aus Federn, das durch die Lüfte stob. Und erst als die letzte Feder leise auf den Rasen schneite, da löste sich der Knäuel aus Hund und Huhn und kein

„Wuff“ und kein „Bohk, pok, pok“ waren mehr zu hören. Zwar angeschlagen, auf dem Hinterlauf hinkend und über dem linken Auge blutend, aber dennoch zufrieden, schleppte der stolze Rüde Rüdiger das französische Suppenhuhn Désirée ins Haus und legte es seinem Herrchen und Tante Gut-tun zu Füßen. Dann setze er sich, ließ die Zunge heraushängen und schaute die beiden an, mit einem Blick, der soviel sagte wie: „Na, hab ich das nicht gut gemacht!?“

Die Wunde über dem linken Auge musste genäht werden und viel Salbe musste in das linke Auge und Rüdiger musste, nicht ohne Stolz, die nächsten vier Wochen eine Augenklappe tragen. Am nächsten Tag gab es eine köstliche Hühnersuppe.

Das Beste aber war Rüdigers neuer Name, denn sein Kampfesmut wurde schnell legendär auf der Hundewiese. Voller Respekt schauten die anderen Hunde und Frauchen und Herrchen ihn an, tuschelten ehrfurchtsvoll, wenn sie an ihm vorübergingen, bewunderten seine Augenklappe und nannten ihn fortan: „Der mit dem Huhn kämpft!“

Alle bewunderten seine Augenklappe und nannten ihn: „Der mit dem Huhn kämpft!“

Was allerdings ganz beim Alten geblieben war, ist, dass sein Herrchen den Trick mit dem Beschnüffeln immer noch nicht raushatte. Nun, Rüdiger hatte ihm gezeigt, wie man einem Huhn den Hals umdreht, vielleicht konnte er ihm ja beim Beschnüffeln der Frauchen auch noch ein bisschen Nachhilfe geben …

Drei Hunde

Drei Hunde verschiedener Nationalität unterhalten sich.

Der französische Hund sagt: „Stellt euch vor, heute Morgen musste ich doch tatsächlich zehn Minuten bellen, bis ich mein Fleisch bekam."

Da fragt der polnische Hund: „Fleisch? Was ist das?"

Und der russische Hund fragt: „Bellen? Was ist Bellen?"

Was uns so fest mit Hunden verbindet, ist nicht ihre Treue, ihr Charme oder was es sonst noch so sein mag, sondern die Tatsache, dass sie nichts an uns auszusetzen haben.

Unbekannt

Ein Hund für jeden Grund

von Gaby Falk

Der Rassehund ist rasserein, am Stammbaum nur hebt er das Bein.
Sein Herrchen grüßt er immer freudig. Der Straßenköter ist meist räudig.

Der Schweinehund im Innern siegt, in Frauchens Schoß der Schoßhund liegt.
Im Schoß des Herrn ruh'n alle Hunde. Am Hang, da sausen Schlittenhunde.

Der Jagdhund jagt der Jagdwurst nach. Der Mischlingshund vermischt sich gar.
*Die Winde geh'n dem Windhund flöten, dem Kampfhund die Lizenz zum Töten.**

Tatü – der Polizeihund bellt, Tata – der Dieb ist schnell gestellt.
Soll Gott den Hütehund behüten, wenn Wüstenhunde wüst rumwüten.

Am Hofe darf kein Hofhund rudeln, denn der gehört den Königspudeln.
Der Welpe ist ein junger Hund. Der Minensuchhund geht zum Bund.

Der Wohnungshund darf nicht laut bellen.
Der Schlosshund lebt nicht gern in Ställen.
Der Anstandswauwau schämt sich sehr für jede Form verlorener Ehr'.

Der Schlosshund auf den Zinnen fiept. Der Underdog wurd´nie geliebt.
Der bunte Hund ist stadtbekannt. Der arme Hund ist abgebrannt.

Der Drogenhund dreht sich ’ne Tüte. Der Hütehund trägt lieber Hüte.
Im Schnee wühlt der Lawinenhund. Der Kettenhund mag Ketten bunt.

Dem alten Hund genügt ein Ründchen, dem Schäferhund das Schäferstündchen.
Dem Schutzhund reicht die Uniform.
Der Diensthund macht den Dienst nach Norm.

Dem Hotdog wird es heiß und bang, im Schlafrock wird die Zeit ihm lang.
Der Fährtenhund folgt seiner Nase, dem Leithund folgt die ganze Blase.

Der Flughund macht ’ne lange Reise, es kichert der Begleithund leise.
Der Hirtenhund spielt die Schalmei, der Wachhund schläft und schnarcht dabei.

Dem Bluthund schmeckt die Leberwurst. Von kaltem Hund bekomm ich Durst.
Im Dunkeln tappt der Blindenhund. Ein Seehund heult nie ohne Grund.

Der Höllenhund bewacht das Böse. Der Hühnerhund fliegt hin und her.
Der Kläffer macht gern viel Getöse. Der alte Spürhund spürt nichts mehr.

Der Schweißhund schwitzt auch ohne Grund. Es präsidiert der Vorstehhund.
Der Haushund jault im Haus allein. Der Wolfshund heult im Mondenschein.

So gibt’s für jeden Grund ’nen extra Hund !

*(Soll er sein eignes Herrchen beißen und ihm in die Wohnung sch...; nicht für Hunde unter 6 Monaten)

Was kostet eine Hundeseele?

von Gaby Falk

Wie jeden Mittwoch ging die kleine Sarah mit ihrer Mutter über den Wochenmarkt. Plötzlich blieb das Kind wie angewurzelt neben einem Stand stehen, wo sich in einem großen Weidenkorb ein Wurf weißer Welpen aneinanderkuschelte.

„Oh, wie süß!“, rief die Kleine, ließ sich neben dem Korb nieder und streichelte liebevoll die jungen Hunde.

„Was kosten die Hundchen?“, fragte sie nach einer Weile die Bäuerin, der sie gehörten. „25 Euro, das Stück, mit Papieren,“ antwortete die Frau. Erschrocken blickte das Mädchen auf. „Schade!“, sagte es traurig. „So viel Geld habe ich nicht.“

Die Mutter hatte große Mühe, ihre kleine Tochter von dem Stand loszueisen. Doch nach kurzer Zeit war das Kind wieder da, diesmal ohne die Mutter. Wieder streichelte es die kleinen Hunde, bis ihm auffiel, dass eins der Hundebabys ein anderes Fell hatte als seine Geschwisterchen. Es war nicht rein weiß und die dunkleren Haare kringelten sich wie bei einem Pudel. „Was ist denn mit diesem Hund?“, fragte das Mädchen die Bäuerin. „Den würde ich auf keinen Fall kaufen,“ sagte die Frau, „der hat ein hässliches Fell und Haarausfall. Der wird niemals ein wirklich schöner Hund werden.“

Weil sie jedoch Mitleid mit dem Kind hatte, fügte sie hinzu: „Wenn du ihn aber wirklich willst, kannst du ihn billiger haben."

Daraufhin kramte das Mädchen in einer kleinen rosa Handtasche und hatte bald darauf ein paar Münzen in der rechten Hand, die es der Bäuerin entgegenstreckte. „Ich habe 13 Euro und 12 Cent gespart", sagte es. „Kann ich den Hund anzahlen?" „13 Euro sind in Ordnung", sagte die Frau, „mehr ist der Hund auch nicht wert mit seinem hässlichen Fell."

Da packte sich das Kind mit der Hand an den Kopf und zog kräftig an den vollen braunen Haaren. Mit einem plötzlichen Ruck gab die Perücke nach. Darunter kam ein fast kahler Schädel zum Vorschein, nur spärlich mit ein paar schütteren Härchen bedeckt. „Ich habe auch fast alle meine Haare verloren", sagte Sarah leise, bevor sie sich die Perücke mit geübtem Griff wieder überstülpte. „Aber deswegen bin ich doch nicht weniger wert als die anderen." „Hier sind schon mal 13 Euro", fügte sie hinzu und gab der Frau das Geld. „Ich komme jetzt jeden Monat wieder hierher, bis ich Flocki abbezahlt habe!"

Sie ergriff das winzige Hündchen, vergrub ihr Gesicht im warmen Welpenfell und sagte zärtlich: „Flocki, willkommen, mein kleiner Flocki."

Jesus und Maria

Es ist Nacht. Alles schläft, außer einem Einbrecher, der lautlos in eine luxuriöse Villa eindringen will.

Ohne das geringste Geräusch zu verursachen, zerschneidet er das Glas der Verandatür, öffnet dieselbe und geht schnurstracks auf die hintere Wand des Raumes zu, wo sich nach seinen Informationen der Safe befinden soll.

In diesem Moment hört er hinter sich eine seltsame Stimme: „Nimm dich in Acht! Jesus und Maria sehen dich.“
Erschrocken dreht sich der Einbrecher um. Im Dämmerlicht erkennt er einen großen Vogelkäfig, in dem ein Papagei sitzt.

Erleichtert antwortet der Mann: „Ach nee, Jesus und Maria sehen mich!? Hier im Dunkeln?!“

„Jesus und Maria sehen dich“, wiederholt der Papagei.

„Dass ich nicht lache, du alter Flattermann. Kannst du mir auch verraten, wie du heißt?“

„Ich heiße Nazareth“, erwidert der Vogel.

„Nazareth!“, spottet der Einbrecher. „Welcher Idiot hat dir denn einen so blöden Namen verpasst?“

„Derselbe Idiot“, sagt der Papagei, „der seinen Pitbull Jesus und seinen Rottweiler Maria getauft hat.“

Sie nannten mich Tiffi

von Gaby Falk

Ich verstehe die Welt nicht mehr! Alles war so wunderbar bis zu jenem denkwürdigen Moment vor drei Tagen ...

Vor sechs Monaten noch war ich der Mittelpunkt meiner neuen Familie. Ich hatte in einer großen Schachtel unter einem Tannenbaum gesessen und ich war das tollste Weihnachtsgeschenk, das die Kinder je bekommen hatten. Sie stritten sich sogar um mich. Sie zankten sich, wer mit mir kuscheln und mich streicheln durfte, wer mit mir Gassi ging, in wessen Bett ich schlafen sollte, wer mich fütterte. Und sie nannten mich Tiffi. Ich hatte ein kleines und ein großes Herrchen und ein kleines und ein großes Frauchen. Ich war der Liebling der Familie. Ich wurde ziemlich verwöhnt. Ich bekam Leckerlis und manchmal einen echten Knochen. Ich hatte zwar ein tolles Körbchen, durfte aber immer in irgendeinem Bett schlafen. Sie lasen mir sogar Geschichten vor und kauften mir ein schönes Lederhalsband mit einer Hundemarke und meinem Namen darauf. **TIFFI** stand da. Überall hin nahmen sie mich mit, nie musste ich allein zu Hause bleiben, das Leben war schön und ich war ein glücklicher Hund, bis – ja bis vor drei Tagen ...

... wenn nur der schreckliche Durst nicht wäre ...

Stubenrein war ich ziemlich schnell, daran kann es nicht gelegen haben. Ich habe nicht mal allzu viele Pantoffeln auf dem Gewissen. Gebellt habe ich auch nur, wenn ich mich zu sehr freute oder wenn Gefahr drohte. Ich bin am Bein gegangen und habe nicht an der Leine gezogen, das kann es also auch nicht gewesen sein. Ich habe mich brav auf meinen Allerwertesten gesetzt, wenn sie „Sitz“ gesagt haben, und ich habe stundenlang Stöckchen apportiert, obwohl ich es manchmal sehr langweilig fand. Jemand brauchte nur „Pfötchen“ zu sagen und ich habe meine rechte Vorderpfote hoch gehoben. Ich war ein netter Hund.

Ich habe nicht allzu viele Pantoffeln auf dem Gewissen. Und gebellt habe ich auch nur selten.

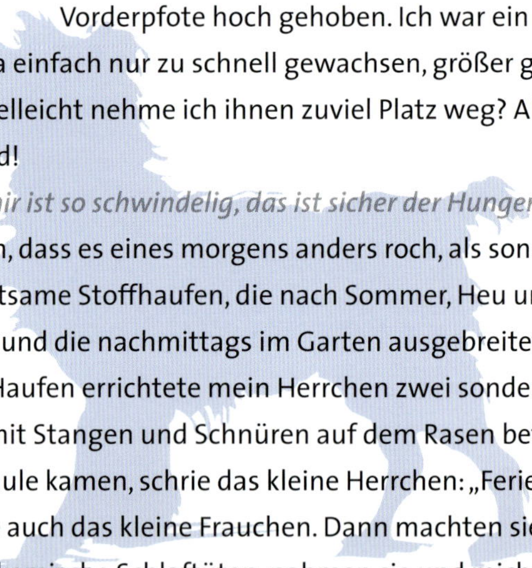

Vielleicht bin ich ja einfach nur zu schnell gewachsen, größer geworden als sie gedacht haben. Vielleicht nehme ich ihnen zuviel Platz weg? Aber das ist doch nicht meine Schuld!

... mir ist so schwindelig, das ist sicher der Hunger ...

Alles fing damit an, dass es eines morgens anders roch, als sonst. In der Diele lagen plötzlich seltsame Stoffhaufen, die nach Sommer, Heu und vergangenen Nächten dufteten und die nachmittags im Garten ausgebreitet wurden. Aus einem Teil dieser Haufen errichtete mein Herrchen zwei sonderbare kleine Häuschen, die er mit Stangen und Schnüren auf dem Rasen befestigte. Als die Kinder aus der Schule kamen, schrie das kleine Herrchen: „Ferien!“

„Ferien“, schrie auch das kleine Frauchen. Dann machten sie aus den restlichen Stoffhaufen komische Schlaftüten, nahmen sie und mich mit in die Zelte und wir kuschelten und wälzten uns glücklich darin herum. Es roch nach Salz und Gras, nach Lagerfeuern, vielen Träumen; aber auch fremde Gerüche, die ich noch nie gerochen hatte, mischten sich hinein. Es roch gut, wahrscheinlich nach Ferien. „Ferien“ schien etwas ganz besonders Tolles zu sein. So fing auch ich an, mich auf die Ferien zu freuen.

... wenn nur mein Hals jetzt nicht so weh täte ...
Ich habe die ersten Stunden wohl zu viel gebellt und zu stark an meiner Leine gezogen ...
Das konnten einfach nicht die Ferien sein, auf die ich so gespannt war ...

Am nächsten Morgen stand meine ganze Welt Kopf. Meine Familie war noch früher aufgestanden als sonst. Alle liefen hektisch hin und her. Das große Herrchen wurde ganz nervös und brüllte sogar mich an, als ich nicht rechtzeitig aus dem Weg gehen konnte. Er packte das Auto voll mit Taschen und Koffern, den Stofftüten und Zelten, mit aufblasbaren Plastiktieren, Körben, Rucksäcken, und allen möglichen Bällen.

Als nichts mehr in den Wagen passen wollte, quetschte er noch seltsame lange Gummischuhe hinein, die aussahen wie die Schwimmhäute der Enten im Park. Oben auf das Auto schraubte er ein Gestell, auf das er vier Fahrräder montierte, wobei er ziemlich fluchte und schnaufte. „Fertig“, schrie er uns endlich zu. Ich schaute mir das voll gepackte Auto mit schief gelegtem Kopf an und dachte nur: „Wo soll ich denn sitzen?“

„Wo soll ich denn sitzen?“, hörte ich im gleichen Augenblick mein kleines Herrchen fragen. „Und wo soll ich sitzen?“, ertönte die Stimme meines kleinen

Frauchens gleich hinterher. „Wo soll denn der Hund sitzen?", hörte ich Frauchens Stimme. Es war in der Tat unglaublich eng im Wagen. Nur Herrchen hatte etwas Platz, weil er hinter dem Steuer saß. Ich bekam kaum Luft zwischen Frauchens Knien vorne unter dem Handschuhfach, eingequetscht zwischen Frühstückskorb und Beauty-Case. Es wurde bald unerträglich heiß und ich kann ja nur über meine Pfoten und über die Zunge schwitzen. Tja, um es kurz zu machen, ich fing schon nach wenigen Kilometern an, zu sabbern. Gefiept habe ich auch. Und nach ein paar Stunden habe ich mich übergeben müssen, na ja, ist mir vorher noch nie passiert, aber es war halt so eng und heiß und die Kinder haben auch nur gejammert ...

... trotzdem fand ich es nicht so unangenehm wie jetzt hier, so ganz allein im Wald, an diesen Baum festgebunden ...

Wir haben dann an einer Raststelle gehalten. Alle sind ausgestiegen. Frauchen hat angefangen, das Auto sauber zu machen und Herrchen hat meine Leine genommen und ist mit mir „Gassi" gegangen. Eigentlich gingen wir „Waldi", denn der Weg führte in einen kleinen Wald, wo man die vielen Autos immer weniger hörte. Sofort fühlte ich mich besser. Ich hob nach Herzenslust mein Bein an fast jedem Baum und auch die Vorfreude auf die Ferien kehrte zurück.

Doch dann band Herrchen mich an diesem Baum hier fest. Er stellte meinen Napf vor mich hin, goss Wasser aus einer Flasche hinein, dann nestelte er an meinem Halsband herum, um die Marke mit meinem Namen abzumachen. Er strich mir kurz über den Kopf und lief dann, so schnell er konnte, den Weg zurück. Zuerst dachte ich, es sei ein neues Spiel. Ich soff das Wasser aus und legte mich erwartungsvoll auf das Moos. Jeden Augenblick würde er zurückkommen, oder die Kinder würden sich anschleichen, so wie wir es oft gespielt hatten.

Aber als es dunkel wurde, war er immer noch nicht zurück und da habe ich dann angefangen zu bellen.

*... und jetzt tut mir der Hals weh und der Durst ist so erbarmungslos, mein Magen knurrt ... aber am Schlimmsten ist es, ohne sie zu sein ... mir wird ganz schummerig ... meine Ohren sausen so komisch ... mir ist ganz schwindelig ... was ist das? „**Tiffi** ...“*

Höre ich richtig? „***Tiffi*** ...“

Ruft da jemand meinen Namen? Oder ist das der Wind? „***Tiffi!!! Tiffi!!!***“

Oder bin ich schon auf dem Weg ins Hundeparadies?

Wer ruft denn da? „ ***Tiffi*** ... ***Tiffi*** ...“

... mir schwinden die Sinne „... ***Tiffi*** ...“

... sie nannten mich ***Tiffi ...***

Die traurige Geschichte von Lea

von J. Ellis

Ich weiß nicht mehr viel von dem Ort, wo ich geboren bin. Es war eng und dunkel und nie spielte ein Mensch mit uns. Ich erinnere mich noch an Mama und ihr weiches Fell, aber sie war oft krank und sehr dünn. Sie hatte nur wenig Milch für mich und meine Brüder und Schwestern. Die meisten von ihnen waren plötzlich gestorben.

Als sie mich von meiner Mutter wegnahmen, hatte ich furchtbare Angst und war so traurig. Meine Milchzähne waren kaum durchgestoßen und ich hätte meine Mama doch noch so sehr gebraucht. Arme Mama, es ging ihr so schlecht. Die Menschen sagten, dass sie jetzt endlich Geld wollten und dass das Geschrei von meiner Schwester und mir ihnen auf die Nerven ging.

So wurden wir eines Tages in eine Kiste verladen und fortgebracht. Wir kuschelten uns aneinander und fühlten, wie wir beide zitterten, ohnmächtig vor Angst. Niemand kam, um uns zu trösten.

All diese seltsamen Geräusche und erst die Gerüche – wir sind in einem "Pet-Shop", einem Laden, wo es viele verschiedene Tiere gibt. Einige miauen, andere piepsen, einige pfeifen. Wir hören auch das Wimmern von anderen Welpen. Meine Schwester und ich drücken uns eng zusammen in dem kleinen Käfig.

Manchmal kommen Menschen uns anschauen, oft ganz kleine Menschen, die sehr fröhlich aussehen, als wollten sie mit uns spielen. Tag um Tag verbringen wir in unserem kleinen Käfig. Manchmal packt uns jemand und hebt uns hoch, um uns zu begutachten. Einige sind freundlich und streicheln uns, andere sind grob und tun uns weh. Oft hören wir sie sagen „Oh, sind die süß, ich will einen", aber dann gehen die Leute wieder fort.

Letzte Nacht ist meine Schwester gestorben. Ich habe meinen Kopf an ihr weiches Fell gelegt und gespürt, wie das Leben aus dem dünnen Körperchen gewichen ist. Als sie sie am Morgen aus dem Käfig nehmen, sagen sie, sie sei krank gewesen und ich sollte verbilligt abgegeben werden, damit ich bald wegkomme. Niemand beachtet mein leises Weinen, als mein kleines Schwesterchen weggeworfen wird.

Heute ist eine Familie gekommen und hat mich gekauft! Jetzt wird alles gut! Es sind sehr nette Leute, die sich tatsächlich für MICH entschieden haben. Sie haben gutes Futter und einen schönen Napf dabei und das kleine Mädchen trägt mich ganz zärtlich auf den Armen. Ihr Vater und ihre Mutter sagen, ich sei ein ganz süßes und braves Hundchen. Ich heiße jetzt Lea. Ich darf meine neue Familie sogar abschlabbern, das ist wunderbar. Sie lehren mich freundlich, was ich tun darf und was nicht, passen gut auf mich auf, geben mir herrliches Essen und viel, viel Liebe. Nichts will ich mehr, als diesen wunderbaren Menschen gefallen und nichts ist schöner als mit dem kleinen Mädchen herumzutollen und zu spielen.

Erster Besuch beim Tierarzt. Es war ein seltsamer Ort, mir schauderte. Ich bekam einige Spritzen. Meine beste Freundin, das kleine Mädchen, hielt mich sanft und sagte, es wäre okay, dann entspannte ich mich. Der Tierarzt schien meinen geliebten Menschen traurige Worte zu sagen, sie sahen ganz bestürzt aus. Ich hörte etwas von schweren Mängeln und von „Dysplasie E“ und von „Herz zwei“. Er sprach von wilden Züchtern und dass meine Eltern nie gesundheitlich getestet worden seien. Ich habe nichts von alledem begriffen, aber es war furchtbar, meine Familie so traurig zu sehen.

Erster Besuch beim Tierarzt. Ein seltsamer Ort, mir schauderte.

Jetzt bin ich 6 Monate alt. Meine gleichaltrigen Artgenossen sind wild und stark, aber mir tut jede Bewegung schrecklich weh. Die Schmerzen gehen nie weg. Außerdem kriege ich gleich Atemnot, wenn ich nur ein wenig mit dem kleinen Mädchen spielen will. Ich möchte so gerne ein kräftiger Hund sein, aber ich schaffe es einfach nicht. Vater und Mutter sprechen über mich. Es bricht mir das Herz, alle so traurig zu sehen. In der Zwischenzeit war ich oft beim Tierarzt und immer hieß es „genetisch“ und „nichts zu machen“. Ich möchte draußen in der warmen Sonne mit meiner Familie spielen, möchte rennen und hüpfen. Es geht nicht.

Letzte Nacht war es schlimmer als eh und je. Ich konnte nicht einmal mehr aufstehen um zu trinken und nur noch schreien vor Schmerzen.

Sie tragen mich ins Auto. Alle weinen. Sie sind so seltsam, was ist los? War ich böse? Sind sie am Ende böse auf mich? Nein, nein, sie liebkosen mich ja so zärtlich. Ach, wenn nur diese Schmerzen aufhörten! Ich kann nicht mal die

Tränen vom Gesicht des kleinen Mädchens ablecken, aber wenigstens erreiche ich seine Hand. Der Tisch beim Tierarzt ist kalt. Ich habe Angst. Die Menschen weinen in mein Fell, ich fühle, wie sehr sie mich lieben. Mit Mühe schaffe ich es, ihre Hand zu lecken.

Der Tierarzt nimmt sich heute viel Zeit und ist sehr freundlich, und ich empfinde etwas weniger Schmerzen. Das kleine Mädchen hält mich ganz sanft, ein kleiner Stich ... Gott sei Dank, der Schmerz geht zurück. Ich fühle tiefen Frieden und Dankbarkeit.

Der Tierarzt nimmt sich heute viel Zeit und ist sehr freundlich, ich empfinde etwas weniger Schmerzen.

Ein Traum, ich sehe meine Mama, meine Brüder und Schwestern auf einer großen grünen Wiese. Sie rufen mir zu, dass es dort keine Schmerzen gibt, nur Friede und Glück. So sage ich meiner Menschenfamilie „Auf Wiedersehen“ auf die einzige mir mögliche Weise: mit einem sanften Wedeln und einem kleinen Schnuffeln.

Viele Jahre wollte ich mit euch verbringen, es hat nicht sein sollen. Stattdessen habe ich euch so viel Kummer gemacht. Es tut mir leid, ich war halt nur eine Händlerware.

Bildnachweis

BigStockphoto.com: S. 72 r. und l.

Derkum, Helmut: S. 65

dreamstime.com: S. 60: Cynoclub, S. 63: Ankevanwyk, S. 87: Eriklam

Fotolia.com: Cover vorn: Dragan Trifunovic, Cover hinten: jeancliclac, S. 11: Jan Sundgren, S. 12 r. und l.: Callalloo Hermeline, S. 15: Sylwia Nowik, S. 17: Eric Isselée,S. 28: Sean Gladwell, S. 35: Pieree-Alain Dutheil, S. 46: Pieter Bregman, S. 47: Ljupco Smokovski, S. 55: Pierre-Alain Dutheil, S. 58: Doug Olson, S. 69: mpixs, S. 76 o.: Jan Sundgren, S. 85: rmion, S. 89: Leah-Anne Thompson

Hartmann, Werner: S. 70

iStockphoto.com: S. 5, 7, 21, 32, 49, 52, 57, 66

LuckyOliver.com: S. 39, 41,

123RF.com: S.8, 22, 25, 31, 76 u., 77, 79, 80, 90, 92, 95